Marion Dawidowski

Fensterbilder Weihnachtszeit

CHRISTOPHORUS
BRUNNEN-REIHE

Inhalt

Wunderbare Weihnachten

Bald ist Weihnachten und damit es ein wunderbares Fest wird, fassen hier alle mit an: Farbenfroh und in festlichem Glanz zeigen diese Motive die fleißigen Helfer vom Christkind. Da werkeln Engel in der Nähstube und ein Wichtel zieht den schwer bepackten Schlitten. Der Nikolaus kontrolliert die endlos lange Wunschliste, während der kleine Hund Felix beim Verpacken hilft.

Alle Motive sind aus aktuellen Musterkartons und dreidimensional gearbeitet. Viele der Motive lassen sich zu großen Gruppen zusammenfassen, und so werden ganze Szenen am Fenster oder an der Wand lebendig.

Lassen Sie bei einem gemütlichen Bastelabend alle Hektik hinter sich, und tauchen Sie ein in die Weihnachts-Wunderwelt.

Viel Spaß wünscht Ihnen

M. Dawidowski

So gehts

Material und Hilfsmittel

Neben Tonkarton in verschiedenen Farben werden einige Muster- und Strukturkartons benötigt. Für Schriftzüge und Glitzereffekte werden Fun Liner benutzt. Um die Motive dreidimensional zu gestalten, genügen einige Moosgummireste oder Klebepads. Die genauen Angaben entnehmen Sie der jeweiligen Anleitung. Zum Übertragen der Vorlagen Transparentpapier, einen weichen und einen harten Bleistift verwenden. Die Motive werden mit einer Schere ausgeschnitten. Für enge Kurven ist eine Nagelschere hilfreich. Zum Aufhängen der Motive wird noch Klebeband (ein- oder beidseitig klebend) benötigt. Zum Aufmalen der Gesichter einen schwarzen Filzstift, einen roten Wachsmalstift und für weitere Details einen weißen Buntstift nehmen.

Dreidimensional arbeiten

Die Klebepads oder Moosgummireste auf eine Größe von etwa 0,5 cm x 1 cm zurechtschneiden. An den in der Vorlage durch ein Kreuz gekennzeichneten Stellen werden diese jeweils zwischen zwei Motivteile geklebt, ohne sichtbar zu sein.

Anfertigen der Motive

1 Transparentpapier auf das gewünschte Motiv des Vorlagenbogens legen und alle Teile ohne Überschneidungen nachzeichnen.
Das Transparentpapier auf der Rückseite mit dem weichen Bleistift schraffieren, auf den gewünschten Tonkarton legen und die Linien noch einmal nachzeichnen.

2 Alle Einzelteile ausschneiden und Bleistiftreste entfernen. Mit Hilfe des Vorlagenbogens und der Abbildung werden die Motive zusammengeklebt. Dabei die Klebepads bzw. Moosgummireste an den vorgesehenen Stellen ankleben. Für die Rückseite werden die meisten Motivteile noch einmal benötigt und spiegelverkehrt, aber in gleicher Reihenfolge aufgeklebt.

3 Die Gesichter und weitere Details werden mit schwarzem Filzstift aufgemalt. Die Augen bekommen weiße Lichtpunkte. Um die Wangen zu betonen, mit einem Tuch roten Wachsmalstift auftragen. Linien mit weißem Buntstift oder Fun Liner lassen die Motive plastischer erscheinen.

Fröhlicher Abmarsch

Material

- Tonkarton in Gelb, Rot, Grün, Grau, Schwarz; Reste in Blau
- Wellpappe mit Sternen in Grün, Blau
- Holografiekarton „Sterne“ in Gold
- Filzstift in Schwarz
- Buntstifte in Weiß, Rosa
- Fun Liner in Gold
- Kordel in Rot, 1,3 m
- Goldkordel
- Stickgarn in Schwarz
- 4 Klebepads

Vorlagen A1, A2

Motivgröße: 36 cm

Anleitung Seite 8

Winterstimmung

Material

- Tonkarton in Weiß, Gelb, Orange, 2 Blautönen, Braun, Schwarz
- Wellpappe in Rot, 2 Blautönen
- 3D-Welle in Grün
- Holografiekarton „Sterne" in Silber
- Bastfaden
- Filzstift in Schwarz
- Buntstift in Weiß
- Wachsmalstift in Rot
- 2 Klebepads

Vorlage B
Motivgröße: 31 cm

1 Die Möhrennase auf den Kopf kleben, das Gesicht malen. Die Wangen mit dem Wachsmalstift betonen. Den Hut zusammensetzen, die durchgezogene Linie in der Hutkrempe einschneiden, den Kopf dort einschieben. Dem Körper den Arm, die Knöpfe und den mehrteiligen Schal aus Wellpappe aufkleben, dabei die Klebepads laut Vorlage anbringen. Kopf und Besen am Körper fixieren. Den Bastfaden um den Besen binden.

2 Das Tannenbäumchen aus 3D-Welle mit den Kerzen schmücken und auf den Schneehaufen setzen. Den Vogel auf der Spitze platzieren. Die Eiskristalle aus Holografiekarton bekommen ein hellblaues Gesicht. Augen, Nase, Mund und Wangen malen.

Fröhlicher Abmarsch

Abbildung & Materialangaben Seite 6/7

1 Dem Mäusekopf die Nase aufkleben und die Jacke mit dem Glitzersaum ansetzen. Die Ärmel mit Pfoten und Ärmelbesatz versehen, einen auf der Vorderseite (Klebepad), den anderen auf der Rückseite anbringen. Die Schulterklappe aufkleben. Das Bein mit einem Klebepad an dem Unterkörper befestigen und diesen an die Jacke setzen. Den Hut zusammenfügen, er bekommt einige Fäden Stickgarn als Quaste mit der Nadel durchgezogen und wird auf dem Kopf platziert.

2 Kugeln und Käseecken mit einer Schlaufe aus Goldkordel versehen und auf die rote Kordel fädeln. Die Kordelenden locker um die Schultern der Mäuse legen, jeweils auf der erhobenen Hand fixieren und die Finger aufkleben. Zweige befestigen; Gesichter malen. Lichtreflexe mit weißem Buntstift, Zweige mit goldenem Fun Liner andeuten.

Weihnachtswerkstatt

Material

- Tonkarton in Silber, Hautfarben, Gelb, Blau
- Regenbogenkarton
- Tonkarton „Bärchen“, „Sternenhimmel“, „Sterne“ in Rot
- Holografiekarton „Sterne“ in Silber
- Strohseide in Weiß
- Rest Wellpappe in Gelb
- Filzstift in Schwarz
- Gelstift in Weiß
- Wachsmalstift in Rot
- Nähnadel mit Faden
- 4 kleine Stecknadeln
- Locher

Vorlagen C1, C2

Motivgröße: 21 cm

Anleitung Seite 22

Schlittenpost

Material

- Tonkarton in Hautfarben, Gelb, Hellblau, Brombeere, Grün, Braun
- Regenbogenkarton
- Strukturkarton in Blau, Rot
- Wellpappe in Gelb, Grün und Blau mit Sternen
- Krepppapier in Gelb
- Filzstift in Schwarz
- Gelstift in Weiß
- Fun Liner in Gold
- Wachsmalstift in Rot
- Goldkordel
- Plombendraht
- Motivlocher „Stern"
- Locher
- Klebepad

Vorlagen D1, D2

Motivgröße: 26 cm

1 Der Wichtel bekommt einen hellblauen Pulli und eine blaue Hose aus Strukturkarton an. Das zweite Bein mit einem Klebepad auf der Rückseite befestigen. Schuhe aufkleben und mit Schleifen versehen. Für den Pulli Sterne und Punkte ausstanzen. Aus dem Krepppapier 2,5 cm lange Fransen schneiden und am Kopf befestigen. Linie der Mütze einschneiden und auf den Kopf stecken, den roten Bommel fixieren.

2 Den Schlitten mit den bunten Päckchen und dem Beutel beladen. Ein Kordelstück doppelt nehmen, am Schlitten befestigen und das andere Ende dem Wichtel in die Hand geben. Mit dem Fun Liner Akzente setzen.

3 Die Schnecke zusammenfügen, Fühler aus Draht formen. Sie zieht ein Päckchen mit Hilfe einer Kordelschlaufe hinter sich her.

4 Die Gesichter malen und die Wangen betonen. Sterne anfertigen.

5 Für die Girlande etwa sieben bunte Päckchen bzw. zwei Beutel ausschneiden und dekorieren. Die Tannenzweige mit den Päckchen zur Girlande legen, fixieren und mit Fun Liner verzieren.

Nikolaus hat Pause

Material

- Tonkarton in Weiß, Hautfarben, Gelb, Grün, Braun
- Tonkarton „Gänseblümchen“ in Grün
- Strukturkarton in Rot
- Transparentpapier mit Muster in Grau
- Maulbeerbaum-papier in Weiß
- Filzstift in Schwarz
- Buntstift in Weiß
- Wachsmalstift in Rot
- Fun Liner in Gold
- Messingdraht, 0,6 mm Ø
- 2 Klebepads

Vorlagen E1, E2

Motivgröße: 31 cm

Anleitung Seite 16

Material

- Tonkarton in Weiß, Hautfarben, Gelb, Hellbraun, Dunkelgrün
- Tonkarton „Sterne" in Rot
- Wellkarton in Grün
- Holografiekarton „Sterne" in Gold
- Fun Liner in Gold
- Filzstift in Schwarz
- Buntstift in Weiß
- Wachsmalstift in Rot
- Satinband in Rot, 14 cm
- Glöckchen, 1 cm ∅
- 2 Klebepads

Vorlagen
F1, F2, M2

Motivgröße: 27 cm

Es eilt!

Dem Rentier die Ohren und Geweihteile auf beiden Seiten ankleben; das Nasenteil und die goldenen Hufe aufsetzen; Glöckchen anbringen. Den Wichtel gestalten und auf dem Rentier platzieren; dabei unter den Arm und das Knie einen Klebepad kleben. Einen zweiten Arm schneiden und auf der Rückseite ansetzen. Die davonfliegende Mütze zusammenfügen und mit einem goldenen Stern schmücken. Gesichter und Details malen; mit dem Fun Liner Akzente setzen. Tannenbäumchen, Sterne und Mond anfertigen.

Nikolaus hat Pause

Abbildung & Materialangaben Seite 14/15

1 Die vordere Ärmellinie am Anzug des Nikolaus weit nach oben einschneiden. Das Haarteil mit dem Gesicht und die Jackenbesätze aufkleben; Hände anbringen. Wangen und Nase malen. Schnauzbart und Nase fixieren. Ein Schaukelstuhlteil unter den vorderen Arm schieben und befestigen. Das zweite Teil mit der Armlehne in die hintere Hand führen und auf der Rückseite ankleben. Die grünen Polster auf der Rückseite fixieren und die Seitenteile im Gänseblümchenmuster an der Lehne platzieren. Die Mütze darüber hängen. Füße samt Pantoffel anbringen. Brille aus dem Draht biegen, ein Ende stark abknicken und an der Hand befestigen.

2 Hinter den Fensterrahmen den Mond setzen und mit einem Kreis aus dem Transparentpapier hinterlegen. Die Rundung des Mondes mit dem Rahmen bündig abschneiden. Kerze und Ilexblatt vor dem Rahmen platzieren.

Paketdienst

Material

- Tonkarton in Hautfarben, Gelb, Orange, Grün, Blau
- Tonkarton „Sternenhimmel", „Schneekristall"
- Strukturkarton in Rot
- Wellpappe in Rot, Grün mit goldenen Streifen
- Strohseide in Weiß
- Krepppapier in Gelb
- Filzstift in Schwarz
- Gelstift in Weiß
- Wachsmalstift in Rot
- Buntstift in Blau
- Fun Liner in Gold
- Goldkordel
- Rest Draht
- 2 Klebepads

Vorlage G

Motivgröße: 28 cm

Anleitung Seite 20

Wunschliste

Material

- Tonkarton in Weiß, Hautfarben, Gelb, Grün, Schwarz
- Tonkarton „Sterne“ in Creme
- Strukturkarton in Rot
- Filzstift in Schwarz
- Fun Liner in Gold
- Fun Liner Magic in Weiß
- Messingdraht, 0,6 mm ∅
- 5 Klebepads
- Locher

Vorlage H

Motivgröße: 34 cm

1 Das Gesicht des Nikolaus auf Haarteil und Mütze kleben. Wangen und Nase malen. Schnurrbart und Nase platzieren. Den Kopf auf dem Körper fixieren. Dem Nikolaus die Stiefel anziehen, die Hände und Fellbesätze aufkleben. Die Schriftrolle zusammenfügen, auf den weißen Flächen Schrift andeuten; die Rolle dem Nikolaus in die Hand geben, um die Stiefel herumlegen und mit Klebepads befestigen. Die Brille aus Draht formen und am Gesicht fixieren.

2 Der Vogel bekommt Schnabel, Fuß, Flügel und Mütze aufgeklebt. Als Bommel dient ein Locherpunkt. Im Schnabel hält er einen Brief. Gesichter und Details malen.

Paketdienst

Abbildung & Materialangaben Seite 18/19

1 Das Gesicht des Wichtels auf den Pulli kleben. Das Bein und den vorderen Arm mit der Hand anbringen (mit Klebepad). Aus Krepppapier einige 2,5 cm lange Fransen schneiden und am oberen Rand des Kopfes fixieren. Die Mütze entlang der gestrichelten Linie einschneiden und den Kopf einschieben. Den Wichtel auf das Fahrradgestell setzen, zweiten Arm (mit Klebepad), das zweite Bein und den Sattel auf der Rückseite befestigen. Die Schuhe mit dem Pedal platzieren.

2 Die Sterne der Abbildung entsprechend anbringen. Die Räder aus Strohseide hinter das Gestell kleben. Die Pakete zusammenfügen; eines auf den Gepäckträger setzen, die übrigen Pakete mit Goldkordel an die Wolken hängen. Das Gesicht mit Filzstift malen, Lichreflexe setzen sowie Wolken und Räder mit blauem Buntstift hervorheben.

Material

- Tonkarton in Weiß, Hautfarben, Gelb, Orange, Blau, Schwarz, Gold; Reste in Grün und Rot
- Tonkarton gemustert „Wasser", kariert
- Wellpappe in Grün mit goldenen Streifen, Weiß
- Strukturkarton in Rot
- Goldkordel, 40 cm
- 3 Mini-Wäscheklammern
- Filzstift in Schwarz
- Gelstift in Weiß
- Buntstift in Weiß, Braun
- Wachsmalstift in Rot
- Locher

Vorlage J

Motivgröße: 30 cm

Badespaß

1 Das Gesicht auf das Haarteil kleben. Wangen und Nase malen. Den Schnurrbart mit der Nase platzieren. Die Wasserspritzer und den Kopf mit dem Körper auf der Badewanne fixieren. Die Hand an den Badewannenrand stecken und beides aufkleben. Wasserpfütze, Schwamm und Wannenfüße platzieren. Die Ente nimmt auf dem großen Zeh Platz. Den Stiefel mit der Mütze zusammensetzen.

2 Dem Socken die grünen Streifen aufkleben. Die Kordel durch den weißen Pulli mit den Locherpunkten ziehen (Punkt in der Vorlage). Die Enden durch die Mitte der Sterne stechen. Auf der Rückseite mit Kleber fixieren, ebenso beim Pulli. Die Wäschestücke mit den Klammern anhängen. Details malen.

Weihnachtswerkstatt

Abbildung & Materialangaben Seite 10/11

1 Das Gesicht mit dem Haarteil auf dem Kleid fixieren; Nadel und Faden durch den „Stoff" aus Bärchenkarton ziehen (Punkt in der Vorlage C1) und auf das Kleid kleben. Die Arme und Füße ansetzen. Die Nadel dem Engel in die Hand geben. Flügel und Wolke auf der Rückseite befestigen. Engel (Vorlage C2) aus Kopf, Pulli und Hose zusammenfügen. Flügel und Schuhe aufkleben und die Schere in die Hand geben. Die Szene auf eine Wolke setzen.

2 Die Schildkröte aus Regenbogenkarton zusammensetzen. Fünf Locherpunkte und das Nadelkissen mit dem Wellpappenrand auf dem Panzer platzieren. Die Stecknadeln in das Nadelkissen stechen, mit einem Klebestreifen auf der Rückseite fixieren. Die Schildkröte auf die Wolke kleben. Gesichter, Details und Lichtreflexe malen.

Heimlich genascht!

Material

- Tonkarton in Hautfarben, Weiß, Gelb, 2 Grüntönen, Blau, 3 Brauntönen
- Regenbogenkarton
- Wellpappe in Rot
- 5 Perlen in Rot, 6 mm ∅
- Filzstift in Schwarz
- Gelstift in Weiß
- Buntstift in Weiß
- Wachsmalstift in Rot
- Fun Liner in Weiß, Gold
- 2 Klebepads

Vorlagen K1, K2

Motivgröße: 26 cm

1 Den Bengel aus dem Kopf, dem grünem Pulli mit den Westenteilen und der gestreiften Hose zusammenfügen. Die Haare und Mütze mit dem Bommel anbringen. Die Hand und beide Füße auf der Rückseite fixieren, ebenso das braune Lebkuchenstück.

2 Den Lebkuchenfiguren die Kleidung aus Gebäck und Mandeln anziehen. Die Perlen mit einem Messer halbieren und als Nasen und Knöpfe aufkleben. Die Gesichter und Wangen malen. Zuckergusslinien auftragen und weitere Details hervorheben.

3 Die Girlande aus den Einzelelementen zusammenfügen. Dem Lebkuchengebäck die Mandeln und je eine halbe Perle aufkleben. Die Butterkekse bekommen Punkte mit Fun Liner als Streuzucker aufgesetzt. Mit den Stiften und Fun Liner in Gold noch Akzente setzen.

Ein Engel kommt

Material

- Tonkarton in Weiß, Hautfarben, Gelb, Braun, 2 Blautönen, Silber; Reste in Orange, Schwarz
- Strukturkarton in Rot
- Transparentpapier mit Muster in Blau
- Wellpappe in Weiß mit goldenen Streifen
- Filzstift in Schwarz
- Gelstift in Weiß
- Wachsmalstift in Rot
- Buntstift in Blau
- Fun Liner in Gold
- Plombendraht
- 4 Klebepads
- Motivlocher „Stern"

Vorlagen L1, L2

Motivgröße: 36 cm

1 Für den Engel den Fellbesatz aus Wellpappe auf die Kapuze kleben und mit einem Klebepad auf den Mantel setzen; den Kragen fixieren. Ärmel mit Händen und Besatz befestigen (Klebepad), den Saum aufkleben. Den Kopf am Körper platzieren, die Haare mit dem Heiligenschein hinter das Ohr schieben und fixieren. 18 cm Draht doppelt legen, ein Stück weit gegeneinander drehen und dann die Enden zu Kringeln biegen. Einen Stern aufkleben und dem Engel in die Hand geben. Einzelne Sterne aus dem Motivlocher dazu dekorieren.

2 Den Schneemann aus Kopf, zweiteiligem Schal (mit Klebepad), Körper und der Pfütze aus Transparentpapier zusammenfügen. Knöpfe, Nase mit Eiszapfen und den Trichter (mit Klebepad) aufkleben. Die Armlinien 1,5 cm weit einschneiden und den Besenstiel durchschieben. Eiszapfen und Besen anbringen. Das zusammengesetzte Vogelhaus auf der Rückseite befestigen.
Die Gesichter und Details malen. Mit dem Fun Liner Akzente setzen.

Verpackungskünstler

Material

- Tonkarton in Weiß, Braun, Rot, 2 Grüntönen
- Tonkarton „Sterne“ in Rot
- Regenbogenkarton
- Wellpappe in Blau mit Sternen
- Filzstift in Schwarz
- Buntstift in Weiß
- Gelstift in Weiß
- Wachsmalstift in Rot
- Fun Liner in Gold
- 3 Klebepads

Vorlagen M1 - M3

Motivgröße: 27 cm

1 Dem Hund die braunen Fellflecken und das Ohr aufkleben. Die Vorderpfote mit einem Klebepad auf der Rückseite befestigen. Das Schleifenband zusammensetzen und am Hund platzieren (Klebepads laut Vorlage). Die Schleife auf dem Kopf fixieren. Das Paket aus Wellpappe hinter den Hund setzen.

2 Die Tannenzweige ringsherum einschneiden und mit dem Ilexlaub und den Beeren zu einer Girlande zusammensetzen; Sterne platzieren. Mit den Stiften die Gesichter der Sterne und die Adern der Blätter malen und weitere Akzente setzen.

Weihnachtsgrüße

Abbildung & Materialangaben Seite 30/31

1 Das Schild mit Pluster-Pen beschriften und aufplustern. Den Engel aus Gesicht, Haaren, Pulli und Armen zusammenfügen und auf der Rückseite des Schildes befestigen. Den Arm des Schneemanns weit einschneiden, auf das Schild schieben und den Körper auf der Rückseite ankleben. Unter dem Arm einen Klebepad platzieren. Den Kopf mit der Nase fixieren, einige Bastfransen als Haare aufkleben. Die Linie der Hutkrempe einschneiden und auf den Kopf stecken; Zipfelmütze platzieren.

2 Am Nikolauskörper die Armlinie weit einschneiden und wie beim Schneemann verfahren. Die Hand mit dem Fellbesatz aufkleben. Den Kopf aus Mütze, Haaren und Gesicht zusammenfügen und am Körper befestigen. Wangen und Nase malen, anschließend Schnurrbart und Nase aufkleben. Die Flügel am Engel anbringen. Gesichter und Details malen und goldene Akzente setzen. Aus dem Draht eine Brille formen und fixieren.

Weihnachts-grüße

Material

- Tonkarton in Weiß, Hautfarben, Gelb, Orange, Blau
- Strukturkarton in Blau
- Holografiekarton „Sterne“ in Gold
- Tonkarton „Sternenhimmel“, „Nachthimmel“, „Schneekristalle“
- Filzstift in Schwarz
- Wachsmalstift in Rot
- Pluster-Pen in Weiß
- Fun Liner in Gold
- Messingdraht, 0,6 mm ∅
- Naturbast
- 2 Klebepads

Vorlage N

Motivgröße: 23 cm

Anleitung Seite 28

erbare
achten!

Impressum

ISBN 3-419-56407-4

Lektorat:
Karin Breyer, Freiburg

Styling und Fotos:
Roland Krieg, Waldkirch

Covergestaltung und Layoutentwurf:
Network!, München

Gesamtproduktion:
smp, Freiburg
Layout: Gisa Bonfig, Freiburg

Druck:
Freiburger Graphische Betriebe

Wir sind für Sie da, wenn Sie Fragen haben.
Und wir interessieren uns für Ihre eigenen Ideen und Anregungen.
Schreiben Sie uns, wir hören gerne von Ihnen!
Ihr Christophorus-Team

Christophorus-Verlag GmbH
Hermann-Herder-Str. 4
79104 Freiburg
Tel.: 0761/ 27 17-0
Fax: 0761/ 27 17-3 52
oder e-mail:
info@christophorus-verlag.de

www.christophorus-verlag.de

Aus der Brunnen-Reihe

3-419-56321-3

3-419-56384-1

3-419-56320-5

3-419-56317-5

3-419-56314-0